São José

Aparecida Matilde Alves

São José

História e novena

Paulinas

Citações bíblicas: *Bíblia Sagrada*, tradução da CNBB, 7. ed. 2008.

Editora responsável: *Andréia Schweitzer*
Equipe editorial

1ª edição – 2013
8ª reimpressão – 2024

Cadastre-se e receba nossas informações
paulinas.com.br
Telemarketing e SAC: 0800-7010081

Paulinas

Rua Dona Inácia Uchoa, 62
04110-020 – São Paulo – SP (Brasil)
(11) 2125-3500
editora@paulinas.com.br

Introdução

São José, esposo de Nossa Senhora

Jacó gerou José, o esposo de Maria,
da qual nasceu Jesus,
que é chamado Cristo.
(Mt 1,16)

São José, um marco do fim do Primeiro Testamento e do começo do Segundo Testamento. O último Patriarca da Bíblia, o grande pai que, na fuga para o Egito, salvando a vida do Menino Jesus, refaz a história do povo de Deus de Israel – o Êxodo. O último, na Bíblia, a receber a comunicação do Deus vivo através de sonhos, escutando no silêncio: "O anjo do Senhor manifestou-se-lhe em sonho, dizendo: 'José, filho de Davi, não temas receber Maria como tua mulher, pois o que nela foi gerado é obra do Espírito Santo'" (Mt 1,20).

José, o amigo do povo, dos pobres, dos pequenos, dos perseguidos e sofredores, é, segundo a própria Bíblia, o homem "justo", o homem do silêncio, modelo de pai, esposo e operário.

Pouco sabemos de suas origens, pois, como de Maria, a Bíblia é muito discreta quando fala de José, mas sabemos o suficiente para venerá-lo como santo e patrono da Igreja Católica. O humilde carpinteiro de Nazaré, nascido provavelmente em Belém, por sua simplicidade e fidelidade, pai adotivo de Jesus Cristo e esposo da Virgem Maria, foi o protetor escolhido para a Família Sagrada, bem como para todos nós.

A Tradição nos diz que José era carpinteiro em Nazaré, jovem muito talentoso, de temperamento humilde, manso e piedoso. Com a idade de mais ou menos 30 anos foi oferecido em casamento a Maria, que devia continuar, porém, em sua família ainda por um ano, conforme era costume entre os hebreus.

Foi nesse tempo que o anjo Gabriel foi enviado por Deus a Nazaré e que Maria, a noiva de José, sem ter ainda convivido com ele, concebeu por obra do Espírito Santo o próprio Filho de Deus, Jesus Cristo (cf. Lc 1,30-38).

E como o anjo lhe disse que também Isabel, sua prima, estava grávida e que lhe faltavam apenas três meses para nascer o filho, Maria é acompanhada por José até Ain Karin, onde ela permaneceu até o nascimento de João Batista, ajudando Isabel nos afazeres domésticos.

Quando Maria retornou à Galileia, José tomou conhecimento de sua gravidez, o que lhe gerou uma grande angústia, pois nem mesmo ela sabia como explicar a ele o que lhe acontecera. José, sendo justo, não queria acusar Maria, pois sabia que engravidar antes do casamento significava adultério, e a lei previa que a mãe fosse apedrejada e a criança gerada na infidelidade morresse com ela.

José não entendia o que havia acontecido, mas também não conseguia desconfiar de Maria e muito menos pensá-la apedrejada. Por isso, resolveu abandoná-la em segredo (cf. Mt 1,18), mas, antes que fugisse, um anjo lhe apareceu em sonho, a fim de dissipar sua dúvida e seus temores: "José, filho de Davi, não temas se casar com Maria porque ela concebeu pela ação do Espírito Santo. Ela dará à luz um Filho e você lhe dará o nome de Jesus, pois ele vai salvar o seu povo dos seus pecados" (Mt 1,20-21). E assim se adiantou a data em que Maria foi viver na casa de José.

José, com humildade, zelo e alegria, acompanhou Maria e desenvolveu seu trabalho de carpinteiro, com o qual sustentava a Família Sagrada. Foi com a Virgem a Belém para o recenseamento imposto por

César Augusto, imperador romano, dado que era da dinastia de Davi. Uma viagem difícil, com certeza, especialmente para Maria, que estava às vésperas de dar à luz. Em Belém, os dois, não encontrando hospedagem nas pensões locais, foram alojar-se numa gruta onde os pastores guardavam seus animais. Ali, na mais completa pobreza e na mais límpida pureza, no silêncio da noite e longe de todos os olhares curiosos e dos murmúrios indiscretos e até impiedosos, José viu nascer o Filho de Deus, para o qual ele fora escolhido como pai adotivo e exímio protetor.

Receberam a visita dos pastores, que, alegres, contaram como haviam sido avisados pelos anjos sobre o nascimento de um Menino especial, e também, mais tarde, a visita dos Magos, vindos do Oriente, guiados por uma estrela.

José acompanhou Maria ao Templo de Jerusalém para a purificação e para a oferta prescrita como resgate do Menino, que, sendo o primogênito, deveria ser oferecido a Deus. No Templo eles encontraram o profeta Simeão, que reconheceu no pequeno o Messias enviado para salvar seu povo e anunciou a Maria que sua alma seria traspassada pela espada (cf. Lc 2,25-33).

Após a visita dos Magos, José, mais uma vez, recebeu a Palavra de Deus vinda pelo anjo através do sonho e, fugindo da fúria de Herodes, partiu à noite para o Egito, levando Maria e o Menino Jesus. Uma viagem de mais de 500 quilômetros, perigosa por causa do deserto infestado de serpentes e assaltantes.

A Sagrada Família fez assim a experiência do exílio, vivendo longe de sua terra, desprovida de sua casa e de seus pertences. Morto Herodes, três ou quatro anos depois, eles retornaram e foram para Nazaré, onde José montou sua carpintaria e conduziu em silêncio, com humildade, a sua família.

De Nazaré, a Sagrada Família foi ao Templo para as festas da Páscoa, inclusive Jesus, quando completou doze anos. Foi nesta viagem que Jesus permaneceu entre os doutores, quando seus pais já retornavam para Nazaré.

Foi convivendo com Maria e José, ajudando na carpintaria, que Jesus cresceu, aprendendo e vivendo as Escrituras Sagradas, descobrindo nelas e nos acontecimentos do dia a dia a vontade de Deus e o projeto de salvação da humanidade que o Pai lhe confiara.

Segundo a Tradição, José morreu acompanhado por sua esposa e seu filho, pouco tempo antes que Jesus iniciasse sua vida pública. A morte do justo, a morte do santo, o encontro definitivo e face a face com Deus. Por isso, São José é invocado, também, como protetor dos agonizantes, patrono da boa morte.

Em 1479 ele foi colocado no Calendário Romano, com sua festa a ser celebrada em

19 de março. Em 1870, José foi declarado Patrono Universal da Igreja pelo Papa Pio IX. O Papa Bento XV o declarou Patrono da Justiça Social. O Papa Pio XII estabeleceu uma segunda festa para São José, a festa de "São José, o trabalhador", em primeiro de maio.

PRIMEIRO DIA

A fé de São José

Em nome do Pai, do Filho e do Espírito Santo. Amém.

São José, esposo virginal de Maria, Patrono da Igreja Católica, guarda nossas famílias na paz e socorre-nos na hora da nossa morte. Amém.

Palavra de Deus (Rm 4,16-18)

"É em virtude da fé que alguém se torna herdeiro. Logo, a condição de herdeiro é uma graça, um dom gratuito, e a promessa de Deus continua valendo para toda a descendência de Abraão..., o pai de todos nós. Ele é pai diante de Deus porque creu em Deus, que vivifica os mortos e faz existir o que antes não existia. Contra toda a humana esperança, ele firmou-se na esperança e na fé."

Rezemos

"Ó São José, pai adotivo de Jesus, bendigo ao Senhor pelas vossas conversas íntimas com ele durante a sua infância e juventude, em Belém, no Egito e em Nazaré. Vós o amastes paternalmente e fostes por ele filialmente amado. A vossa fé vos fazia adorar nele o Filho de Deus encarnado, enquanto ele vos obedecia, servia e escutava. Vivíeis com ele em comunhão de trabalho e de vida. São José, alcançai-nos a graça de viver sempre com Jesus, de participar dos sacramentos com as melhores disposições e de crescer até chegarmos à plenitude do amor a Jesus, para que o possuamos eternamente no céu" (Bem-aventurado Tiago Alberione[1]).

---

[1] Fundador da Família Paulina.

Momento de silêncio (pedir as graças desejadas)

São José, rogai por nós e ajudai-nos a crescer sempre no espírito de fé.

Pai-Nosso, Ave-Maria, Glória ao Pai.

SEGUNDO DIA

A obediência de São José

Em nome do Pai, do Filho e do Espírito Santo. Amém.

São José, esposo virginal de Maria, Patrono da Igreja Católica, guarda nossas famílias na paz e socorre-nos na hora da nossa morte. Amém.

Palavra de Deus (Mt 1,18-25)

"A origem de Jesus, o Messias, foi assim: Maria, sua mãe, estava prometida em casamento a José e, antes de viverem juntos, ela ficou grávida pela ação do Espírito Santo. José era justo. Não queria denunciar Maria, e pensava em deixá-la sem ninguém saber. Enquanto José pensava nisso, o Anjo do Senhor lhe apareceu em sonho e disse: 'José, filho de Davi, não tenha medo de receber Maria como esposa, porque ela concebeu pela ação do Espírito Santo. Ela dará à luz um filho, você lhe dará o nome de Jesus, pois ele vai salvar o seu povo dos pecados'... Quando acordou, José fez conforme o Anjo do Senhor havia mandado: levou Maria para casa e, sem ter relações com ela, Maria deu à luz um filho. E José deu a ele o nome de Jesus."

Rezemos

"São José, fiel cooperador da nossa redenção, tende compaixão da humanidade envolvida em tantos erros, vícios e superstições. Fostes dócil instrumento nas mãos do Pai celeste, preparando tudo para o nascimento, infância e juventude de Jesus... Fostes o santo do abandono nas mãos de Deus. Intercedei por nós, ó São José, para que possamos ser fiéis à vontade de Deus até o fim de nossa vida" (Bem-aventurado Tiago Alberione).

Momento de silêncio (pedir as graças desejadas)

São José, rogai por nós e ensinai-nos a obediência a Deus e à sua Igreja.

Pai-Nosso, Ave-Maria, Glória ao Pai.

TERCEIRO DIA

O amor de São José ao próximo

Em nome do Pai, do Filho e do Espírito Santo. Amém.

São José, esposo virginal de Maria, Patrono da Igreja Católica, guarda nossas famílias na paz e socorre-nos na hora da nossa morte. Amém.

Palavra de Deus (Mt 2,13-15)

"O Anjo do Senhor manifestou-se em sonho a José e lhe disse: 'Levanta-te, toma o menino e a mãe e foge para o Egito. Fica lá até que eu te avise, porque Herodes vai procurar o menino para matá-lo'. Ele se levantou, tomou o menino e a mãe, durante a noite, e partiu para o Egito. Ali ficou até a morte de Herodes para que se cumprisse o que dissera o Senhor por meio do profeta: '*Do Egito chamei o meu filho*'."

Rezemos

"São José, esposo fiel de Maria, humildemente vos pedimos a graça de uma verdadeira devoção a nossa Mãe, Mestra e Rainha. Pela vontade divina, a vossa missão foi associada à de Maria. Com Maria partilhastes sofrimentos e alegrias. Com ela vivestes em comunhão de vida. São José, intercedei pelos pais e mães de família. Alcançai-nos a graça de conhecer a Santíssima Virgem Maria, de imitá-la, amá-la e invocá-la sempre. Fazei que todas as pessoas se sintam atraídas ao seu coração de Mãe!" (Bem-aventurado Tiago Alberione).

Momento de silêncio (pedir as graças desejadas)

São José, rogai por nós e ensinai-nos a amar a Deus sobre todas as coisas e ao nosso próximo como a nós mesmos.

Pai-Nosso, Ave-Maria, Glória ao Pai.

QUARTO DIA

O silêncio de São José

Em nome do Pai, do Filho e do Espírito Santo. Amém.

São José, esposo virginal de Maria, Patrono da Igreja Católica, guarda nossas famílias na paz e socorre-nos na hora da nossa morte. Amém.

Palavra de Deus (Lc 2,33.39-40)

"O pai e a mãe (de Jesus) estavam admirados com o que diziam dele... Terminando de fazer tudo conforme a Lei do Senhor, voltaram para Nazaré, sua cidade, na Galileia. E o menino crescia, tornava-se robusto, enchia-se de sabedoria; e a graça de Deus estava com ele."

Rezemos

"São José, exemplo de toda virtude, concedei-nos o vosso espírito de vida interior. No silêncio que ama e que age, na fidelidade às obrigações religiosas e sociais, no abandono total à vontade de Deus, atingistes grande santidade. Alcançai-nos a graça de crescermos na fé, na esperança e na caridade, e de recebermos os dons do Espírito Santo" (Bem-aventurado Tiago Alberione).

Momento de silêncio (pedir as graças desejadas)

São José, rogai por nós e fazei-nos crescer sempre mais na confiança e na intimidade com Jesus.

Pai-Nosso, Ave-Maria, Glória ao Pai.

QUINTO DIA

A prudência de São José

Em nome do Pai, do Filho e do Espírito Santo. Amém.

São José, esposo virginal de Maria, Patrono da Igreja Católica, guarda nossas famílias na paz e socorre-nos na hora da nossa morte. Amém.

Palavra de Deus (Mt 2,19-23)

"Quando Herodes morreu, eis que o Anjo do Senhor manifestou-se em sonho a José, no Egito, e lhe disse: 'Levanta-te, toma o menino e a mãe e vai para a terra de Israel, pois os que buscavam tirar a vida ao menino já morreram'... Mas, sabendo que Arquelau era rei da Judeia em lugar de seu pai Herodes... partiu para o distrito da Galileia, e foi morar em Nazaré."

Rezemos

"São José, veneramos em vós o modelo dos operários, o amigo dos pobres, dos emigrantes, dos que sofrem... o santo da divina Providência. Fostes na terra a imagem da bondade, da prudência e do cuidado universal do Pai celeste. Fostes o carpinteiro de Nazaré, o mestre de trabalho do Filho de Deus que se fez, por nós, humilde operário. Intercedei a Deus por todos os que se esforçam no trabalho espiritual, intelectual, tecnológico e manual. Providenciai, junto ao Senhor, para todas as nações, uma legislação e ordem social conforme o Evangelho, para que cresça em toda parte o espírito cristão de justiça, de amor e de paz" (Bem-aventurado Tiago Alberione).

Momento de silêncio
(pedir as graças desejadas)

São José, rogai por nós e por todos aqueles que estão desempregados ou recebem salários injustos.

Pai-Nosso, Ave-Maria, Glória ao Pai.

SEXTO DIA

A fortaleza de São José

Em nome do Pai, do Filho e do Espírito Santo. Amém.

São José, esposo virginal de Maria, Patrono da Igreja Católica, guarda nossas famílias na paz e socorre-nos na hora da nossa morte. Amém.

Palavra de Deus (Cl 3,23-24)

"Tudo o que fizerdes, fazei-o de coração, como para o Senhor e não para os homens. Pois vós bem sabeis que recebereis do Senhor a herança como recompensa. Servi a Cristo, o Senhor!"

Rezemos

"São José, protetor dos agonizantes, pedimo-vos por todos os que passam da vida à eternidade. Assisti-os na hora da morte. Merecestes, pela vossa vida santa, uma morte feliz, com a presença de Jesus e Maria. Concedei-nos a graça de seguir o vosso exemplo, libertando-nos do apego aos bens materiais. Com Maria, ajudai-nos a manter firme a fé, a esperança, a caridade e o arrependimento, para morrermos na paz do Senhor" (Bem-aventurado Tiago Alberione).

Momento de silêncio (pedir as graças desejadas)

São José, rogai por nós, por todos os agonizantes deste dia e pelas almas do purgatório mais abandonadas.

Pai-Nosso, Ave-Maria, Glória ao Pai.

SÉTIMO DIA

São José, protetor das famílias

Em nome do Pai, do Filho e do Espírito Santo. Amém.

São José, esposo virginal de Maria, Patrono da Igreja Católica, guarda nossas famílias na paz e socorre-nos na hora da nossa morte. Amém.

Palavra de Deus (Lc 2,46-50)

"Três dias depois, eles o encontraram no Templo, sentado em meio aos doutores... Ao vê-lo, ficaram surpresos, e a mãe lhe disse: 'Meu filho, por que agiste assim conosco? Olha que teu pai e eu, aflitos, te procurávamos'. Ele respondeu: 'Por que me procuráveis? Não sabíeis que devo estar na casa de meu Pai?'. Eles, porém, não compreenderam a palavra que lhes dissera."

Rezemos

A vós, São José, recorremos na nossa tribulação, e depois de ter implorado o auxílio da vossa Santíssima Esposa, cheios de confiança, solicitamos também o vosso patrocínio. Por esse laço sagrado de caridade que vos uniu à Virgem Imaculada Mãe de Deus, e pelo amor paternal que tivestes para com o Menino Jesus, ardentemente vos suplicamos que lanceis um olhar benigno à herança que Jesus Cristo conquistou com o seu Sangue. Protegei, guarda providente da Divina Família, a raça escolhida de Jesus Cristo; afastai para longe de nós a peste do erro e do vício; assisti-nos do alto do céu, na luta contra o poder das trevas. E, assim como outrora salvastes da morte a vida ameaçada do Menino Jesus, assim também defendei a Santa Igreja de Deus contra as ciladas dos seus inimigos e contra toda a adversidade. Amparai a cada um de nós com vosso constante patrocínio, a fim de que a vosso exemplo e sustentados com o vosso auxílio possamos viver virtuosamente, piedosamente morrer, e obter no Céu a eterna bem-aventurança. Amém.

Momento de silêncio (pedir as graças desejadas)

São José, rogai por nós e pelas famílias mais necessitadas da graça divina.

Pai-Nosso, Ave-Maria, Glória ao Pai.

OITAVO DIA

A pobreza de São José

Em nome do Pai, do Filho e do Espírito Santo. Amém.

São José, esposo virginal de Maria, Patrono da Igreja Católica, guarda nossas famílias na paz e socorre-nos na hora da nossa morte. Amém.

Palavra de Deus (2Sm 7,28-29)

"Senhor Deus, vós sois Deus, vossas palavras são verdadeiras. Pois que fizestes esta bela promessa ao vosso servo, abençoa, então, a casa do vosso servo, para que ela permaneça na vossa presença. Porque fostes vós, Senhor Deus, que falastes, e é graças à vossa bênção que a casa do vosso servo será abençoada para sempre."

Rezemos

Glorioso São José, modelo de todos os que se dedicam ao trabalho, obtende-me a graça de trabalhar com espírito de penitência para expiação de meus numerosos pecados; de trabalhar com consciência, pondo o culto do dever acima de minhas inclinações; de trabalhar com recolhimento e alegria, olhando como uma honra empregar e desenvolver pelo trabalho os dons recebidos de Deus; de trabalhar com ordem, paz, moderação e paciência, sem nunca recuar perante o cansaço e as dificuldades; de trabalhar, sobretudo, com pureza de intenção e com desapego de mim mesmo, tendo sempre diante dos olhos a morte e a conta que deverei dar do tempo perdido, dos talentos inutilizados, do bem omitido e da vã complacência nos sucessos, tão funesta à obra de Deus! Tudo por Jesus, tudo por Maria, tudo à vossa imitação, ó Patriarca São José! Amém.

Momento de silêncio (pedir as graças desejadas)

São José, rogai por nós, trabalhadores, para que os frutos de nossos esforços sejam agradáveis a Deus.

Pai-Nosso, Ave-Maria, Glória ao Pai.

NONO DIA

São José fiel à vontade de Deus

Em nome do Pai, do Filho e do Espírito Santo. Amém.

São José, esposo virginal de Maria, Patrono da Igreja Católica, guarda nossas famílias na paz e socorre-nos na hora da nossa morte. Amém.

Palavra de Deus (Ef 4,11-13)

"Cristo instituiu alguns como apóstolos, outros como profetas, outros ainda como evangelistas, outros, enfim, como pastores e mestres. Assim, ele capacitou os santos para o ministério, para edificar o corpo de Cristo, até que cheguemos todos juntos à unidade da fé e do conhecimento do Filho de Deus, ao estado do homem perfeito e à estatura de Cristo em sua plenitude."

Rezemos

"São José, protetor da Igreja Católica, intercedei pelo Papa, bispos, sacerdotes, religiosos e leigos. Que todos sejam santos! Confiantes nós vos pedimos pela expansão, liberdade e santidade da Igreja. Defendei-a na luta em prol da verdade e da justiça, como defendestes outrora, das mãos de Herodes, a vida ameaçada de Jesus. Que se realize logo o seu grande desejo: 'Que haja um só rebanho e um só pastor'. Alcançai-nos a graça de sermos membros ativos e conscientes na Igreja peregrina, para que possamos um dia gozar eternamente na Igreja triunfante" (Bem-aventurado Tiago Alberione).

Momento de silêncio (pedir as graças desejadas)

São José, rogai por nós e pela Santa Igreja, para que sejamos fiéis a Jesus Cristo e ao mandamento do amor.

Pai-Nosso, Ave-Maria, Glória ao Pai.

"Se é verdade que a Igreja inteira é devedora de Maria, por cujo intermédio recebeu Jesus Cristo, pode-se dizer que a Igreja deve também a São José um agradecimento e uma veneração singular" (São Bernardino de Sena).

Oração a São José Operário

São José, patrono de toda a Igreja, a quem o Senhor conferiu a missão de ser pai adotivo de Jesus e esposo da Virgem Maria, vós, que exercestes o ofício de carpinteiro e por meio deste trabalho oferecestes à Sagrada Família digno sustento em suas necessidades, intercedei junto ao Pai por todos os operários, do mais humilde ao mais alto posto, para que sejam, como vós, justos no exercício da profissão, na execução de suas tarefas, na administração dos bens alheios e em todos os relacionamentos humanos.

Rogai por todos os lares, para que, na vivência recíproca do amor, pais, mães e filhos experimentem a alegria de serem abençoados por Deus, que também é família trinitária: Pai, Filho e Espírito Santo. Amém.

São José, rogai por nós!

Oração à Sagrada Família

Sagrada Família, Jesus, Maria e José, nós vos agradecemos pela convivência exemplar que tivestes no cumprimento da vontade do Pai. Que em nossos lares floresçam as virtudes que animaram o vosso lar em Nazaré: caridade, humildade, diálogo, compreensão e ternura. Sagrada Família, Jesus, Maria e José, intercedei por todas as famílias que passam por grandes dificuldades e crises.

Queremos também pedir a graça de sempre podermos colaborar com a nossa vida e o nosso testemunho, para que outras famílias descubram os caminhos do amor, da compreensão, do diálogo sincero e da paz. Jesus, Maria e José, rogai a Deus por todas as famílias. Amém.

NOSSAS DEVOÇÕES
(Origem das novenas)

De onde vem a prática católica das novenas? Entre outras, podemos dar duas respostas: uma histórica, outra alegórica.

Historicamente, na Bíblia, no início do livro dos Atos dos Apóstolos, lê-se que, passados quarenta dias de sua morte na Cruz e de sua ressurreição, Jesus subiu aos céus, prometendo aos discípulos que enviaria o Espírito Santo, que lhes foi comunicado no dia de Pentecostes.

Entre a ascensão de Jesus ao céu e a descida do Espírito Santo, passaram-se nove dias. A comunidade cristã ficou reunida em torno de Maria, de algumas mulheres e dos apóstolos. Foi a primeira novena cristã. Hoje, ainda a repetimos todos os anos, orando, de modo especial, pela unidade dos cristãos. É o padrão de todas as outras novenas.

A novena é uma série de nove dias seguidos em que louvamos a Deus por suas maravilhas, em particular, pelos santos, por cuja intercessão nos são distribuídos tantos dons.

Alegoricamente, a novena é antes de tudo um ato de louvor ao Pai, ao Filho e ao Espírito Santo, Deus três vezes Santo. Três é número perfeito. Três vezes três, nove. A novena é louvor perfeito à Trindade. A prática de nove dias de oração, louvor e súplica confirma de maneira extraordinária nossa fé em Deus que nos salva, por intermédio de Jesus, de Maria e dos santos.

O Concílio Vaticano II afirma: "Assim como a comunhão cristã entre os que caminham na terra nos aproxima mais de Cristo, também o convívio com os santos nos une a Cristo, fonte e cabeça de que provêm todas as graças e a própria vida do povo de Deus" (*Lumen Gentium*, 50).

Nossas Devoções procura alimentar o convívio com Jesus, Maria e os santos, para nos tornarmos cada dia mais próximos de Cristo, que nos enriquece com os dons do Espírito e com todas as graças de que necessitamos.

Francisco Catão

Coleção Nossas Devoções

- *Os Anjos de Deus: novena* – Francisco Catão
- *Dulce dos Pobres: novena e biografia* – Marina Mendonça
- *Francisco de Paula Victor: história e novena* – Aparecida Matilde Alves
- *Frei Galvão: novena e história* – Pe. Paulo Saraiva
- *Imaculada Conceição* – Francisco Catão
- *Jesus, Senhor da vida: dezoito orações de cura* – Francisco Catão
- *João Paulo II: novena, história e orações* – Aparecida Matilde Alves
- *João XXIII: biografia e novena* – Marina Mendonça
- *Maria, Mãe de Jesus e Mãe da Humanidade: novena e coroação de Nossa Senhora* – Aparecida Matilde Alves
- *Menino Jesus de Praga: história e novena* – Giovanni Marques Santos
- *Nhá Chica: Bem-aventurada Francisca de Paula de Jesus* – Aparecida Matilde Alves
- *Nossa Senhora Achiropita: novena e biografia* – Antonio Sagrado Bogaz e Rodinei Carlos Thomazella
- *Nossa Senhora Aparecida: história e novena* – Maria Belém
- *Nossa Senhora da Cabeça: história e novena* – Mario Basacchi
- *Nossa Senhora da Luz: novena e história* – Maria Belém
- *Nossa Senhora da Penha: novena e história* – Maria Belém
- *Nossa Senhora da Salete: história e novena* – Aparecida Matilde Alves
- *Nossa Senhora das Graças ou Medalha Milagrosa: novena e origem da devoção* – Mario Basacchi
- *Nossa Senhora de Caravaggio: história e novena* – Leomar A. Brustolin e Volmir Comparin
- *Nossa Senhora de Fátima: novena* – Tarcila Tommasi
- *Nossa Senhora de Guadalupe: novena e história das aparições a São Juan Diego* – Maria Belém
- *Nossa Senhora de Nazaré: novena e história* – Maria Belém
- *Nossa Senhora Desatadora dos Nós: história e novena* – Frei Zeca
- *Nossa Senhora do Bom Parto: novena e reflexões bíblicas* – Mario Basacchi

- *Nossa Senhora do Carmo: novena e história* – Maria Belém
- *Nossa Senhora do Desterro: história e novena* – Celina Helena Weschenfelder
- *Nossa Senhora do Perpétuo Socorro: história e novena* – Mario Basacchi
- *Nossa Senhora Rainha da Paz: história e novena* – Celina Helena Weschenfelder
- *Novena à Divina Misericórdia* – Tarcila Tommasi
- *Novena das Rosas: história e novena de Santa Teresinha do Menino Jesus* – Aparecida Matilde Alves
- *Novena em honra ao Senhor Bom Jesus* – José Ricardo Zonta
- *Ofício da Imaculada Conceição: orações, hinos e reflexões* – Cristóvão Dworak
- *Orações do cristão: preces diárias* – Celina Helena Weschenfelder
- *Padre Pio: novena e história* – Maria Belém
- *Paulo, homem de Deus: novena de São Paulo Apóstolo* – Francisco Catão
- *Reunidos pela força do Espírito Santo: novena de Pentecostes* – Tarcila Tommasi
- *Rosário dos enfermos* – Aparecida Matilde Alves
- *Rosário por uma transformação espiritual e psicológica* – Gustavo E. Jamut
- *Sagrada Face: história, novena e devocionário* – Giovanni Marques Santos
- *Sagrada Família: novena* – Pe. Paulo Saraiva
- *Sant'Ana: novena e história* – Maria Belém
- *Santa Cecília: novena e história* – Frei Zeca
- *Santa Edwiges: novena e biografia* – J. Alves
- *Santa Filomena: história e novena* – Mario Basacchi
- *Santa Gemma Galgani: história e novena* – José Ricardo Zonta
- *Santa Joana d'Arc: novena e biografia* – Francisco de Castro
- *Santa Luzia: novena e biografia* – J. Alves
- *Santa Maria Goretti: história e novena* – José Ricardo Zonta
- *Santa Paulina: novena e biografia* – J. Alves
- *Santa Rita de Cássia: novena e biografia* – J. Alves

- *Santa Teresa de Calcutá: biografia e novena* – Celina Helena Weschenfelder
- *Santa Teresinha do Menino: novena e biografia* – Jesus Mario Basacchi
- *Santo Afonso de Ligório: novena e biografia* – Mario Basacchi
- *Santo Antônio: novena, trezena e responsório* – Mario Basacchi
- *Santo Expedito: novena e dados biográficos* – Francisco Catão
- *Santo Onofre: história e novena* – Tarcila Tommasi
- *São Benedito: novena e biografia* – J. Alves
- *São Bento: história e novena* – Francisco Catão
- *São Brás: história e novena* – Celina Helena Weschenfelder
- *São Cosme e São Damião: biografia e novena* – Mario Basacchi
- *São Cristóvão: história e novena* – Mário José Neto
- *São Francisco de Assis: novena e biografia* – Mario Basacchi
- *São Francisco Xavier: novena e biografia* – Gabriel Guarnieri
- *São Geraldo Majela: novena e biografia* – J. Alves
- *São Guido Maria Conforti: novena e biografia* – Gabriel Guarnieri
- *São José: história e novena* – Aparecida Matilde Alves
- *São Judas Tadeu: história e novena* – Maria Belém
- *São Marcelino Champagnat: novena e biografia* – Ir. Egídio Luiz Setti
- *São Miguel Arcanjo: novena* – Francisco Catão
- *São Pedro, Apóstolo: novena e biografia* – Maria Belém
- *São Roque: novena e biografia* – Roseane Gomes Barbosa
- *São Sebastião: novena e biografia* – Mario Basacchi
- *São Tarcísio: novena e biografia* – Frei Zeca
- *São Vito, mártir: história e novena* – Mario Basacchi
- *A Senhora da Piedade: setenário das dores de Maria* – Aparecida Matilde Alves
- *Tiago Alberione: novena e biografia* – Maria Belém